SingLiesel

Egon Busch

Heitere Reimgeschichten – Das Pferd in der Bar

Satz und Gestaltung: Röser MEDIA GmbH & Co. KG, Karlsruhe
Druck: FINIDR, s.r.o.

Printed in Czech Republic

ISBN 978-3-948106-04-1

www.singliesel.de

Egon Busch

Heitere Reimgeschichten

Das Pferd in der Bar

SingLiesel Verlag

Für meine Enkelinnen
Kendra und Kate

Inhalt

Vom Suppenkoma

Das Mittagessen ist vorbei.
Jetzt nur noch die Spülerei,
dann ab zur sanften Mittagsruh.
Schon fallen mir die Augen zu.

Auf dem Sofa ausgestreckt,
mit der Decke zugedeckt,
denk ich an die Urlaubszeit.
Stille herrscht jetzt weit und breit.

Bald bin ich im Reich der Träume,
leise rauschen dort die Bäume,
Blumen blühen, Vögel singen,
alte Lieder auch erklingen.

Und ich streck mich wohlig aus,
fühle mich so ganz zu Haus.
Liege lässig dann am Strand,
spiele mit der Hand im Sand.

Steige in die kühlen Fluten,
wo sich kleine Fischlein sputen,
lieg im Wasser auf dem Rücken,
seh mit Freude und Entzücken
Schiffe, die vorüberrauschen,
und den Wind die Segel bauschen.

Blinzle nach den schönen Mädchen.
Fahre mit dem Bus ins Städtchen,
trinke dort den roten Wein.
Frau Wirtin schenkt persönlich ein.

Plötzlich schrillt die Klingel hell,
wach bin ich jetzt auf der Stell.
Draußen steht ein fremder Schlingel.
Der ist schuld an dem Geklingel!

Bietet mir drei Hefte an,
in denen man viel lesen kann.
Aus ist's mit der Mittagsruh.
Laut schlag ich die Haustür zu.
Suppenkoma ist vorbei.
Und es ist doch erst halb zwei!

Die göttliche Musik

Ein Nachbar spricht den andern an,
wie man das tut, so dann und wann.
Vom Wetter man am liebsten spricht,
von Geld und Glauben eher nicht.

Der eine sagt, er hat gesehen,
der andre würde immer gehen
auf den Balkon, wenn die Gemahlin
ein Lied anstimmt – und auch noch Arien.

Ob dieses habe einen Grund,
er sei doch eben nicht ein Hund,
den hohe Töne furchtbar stören
und der sie deshalb nicht will hören.

Der andere ihm prompt erklärt,
dass ihn der Gesang nicht stört.
Auf den Balkon geht er hinaus,
winkt fröhlich auch zum Nachbarhaus,
dass keiner über ihn könnt sagen,
er würde seine Frau erschlagen.
Da sie doch solche Töne macht,
könnt man schon kommen in Verdacht.

Nun auch er selbst ’ne Frage wage:
Ob ihm der Nachbar vielleicht sage,
seit wann er die Musik so liebe,
dass täglich sein Klavier er spiele.

Vier, fünf Stunden ohne Pausen,
davon bekäm' man Ohrensausen.
Der Nachbar grinst und sagt ihm still,
den Mieter er vertreiben will.

Denn dieses Mittel, ohne Frage,
erspare Anwalt ihm und Klage.

Alkohol

„Alkohol macht Birne hohl.
Ist erst einmal die Birne hohl,
ist wieder Platz für Alkohol“,
der Ingo lauthals deklamiert
vor seinen Kumpels ungeniert.

„Prost“, sagt darauf der Ferdinand
mit der Schnapsflasche in der Hand,
und danach all die andern Knaben
mit ihm fest angestoßen haben.

Zwar schmeckt das Zeug ganz fürchterlich,
und manch einer ekelt sich,
doch weil man möcht kein Weichei sein,
schüttet man's in sich hinein.

Mit Alkohol soll es gelingen,
schnell bei den Mädchen vorzudringen.
Doch hört man dort: „Was willst denn du?
Du bist ja Schippe, Hacke zu!“

Mit viel Alkohol im Blut
macht man, was man sonst nie tut,
stürzt sich oft in ein Gewühle
voll Wut und voller Hassgefühle.

Bekommt dabei dann manche Beule,
teilt auch gut aus mit seiner Keule,
bis die Polizei erscheint:
Im Knast sind alle dann vereint.

Wer die ganze Nacht getrunken,
der ist am Morgen so versunken
im Tiefschlaf, dass ein solcher Mann,
ganz bestimmt nicht aufstehn kann.

Zur Arbeit er erscheint dann nicht,
und bald erhält ein solcher Wicht
die Kündigung von seinem Boss.

Kein Geld mehr hat er, doch viel Zeit
und trifft dann bei Gelegenheit
den Ingo mit dem dummen Spruch:

„Du hast ja Recht, ganz ohne Frage,
und ich's jetzt jedem andern sage:
Der Alkohol macht Birne hohl,
was dann zu Folgen führen kann
wie hier bei mir, dem Erzblödmann."

Ausgesperrt

Die Katze schleicht ums Haus herum.
Kathrinchen füttert sie manchmal.
Die Mama schimpft sehr oft darum,
dem Mädchen ist das ganz egal.

Ihr tut das arme Tierchen leid,
dem niemand etwas Futter gibt
in dieser kalten Winterszeit.
Die Katze sie darum auch liebt.

Die Mutter will kein Tier im Haus
wegen der Haare und dem Schmutz.
Drum jagt das Kätzchen sie hinaus,
wenn es hier sucht ein bisschen Schutz.

An einem kalten Wintermorgen,
als sie zurückkommt aus der Stadt,
hat sie plötzlich große Sorgen,
weil sie keinen Schlüssel hat.

Zur Haustür kann sie nicht herein,
und nur der Opa ist zu Haus,
doch der hört schwer, da nützt kein Schrei'n,
so muss sie bleiben vor dem Haus.
Der Wind um alle Ecken pfeift.
Es regnet leicht, mit Schnee vermischt.
Sie klingelt, klopft, bis sie begreift,
dass hier wohl nichts zu machen ist.

Sie friert erbärmlich, möcht sich wärmen,
doch ins Haus kommt sie nicht rein.
Der Hunger wühlt ihr in den Därmen.
Sie fühlt sich hilflos und ganz klein.

Da plötzlich kommt die Katze an
und streicht ihr schnurrend um die Beine.
Ob die ihr vielleicht helfen kann?
Andre Hilfe sieht sie keine.

Das Küchenfenster ist geklappt,
da kommt die Katze leicht ins Haus.
Sieht sie der Opa, er sie schnappt
und wirft sie anschließend hinaus.

Gesagt, getan, sie greift das Tier
und schiebt es sachte durch den Spalt.
Dann wartet sie vor der Haustür,
bis Opa es rauswirft mit Gewalt.

So kann sie endlich auch ins Haus
und wärmt sich auf, die Katz im Schoß.
„Auch du musst nicht mehr dort hinaus,
du bleibst jetzt hier, Freund in der Not."

Autogeschichten

I.

Die junge Frau mit hundertzwanzig
durch unser Dorf gefahren war.
Der Polizist am Ortsrand freut sich,
denn er stand dort mit dem Radar.
Er stoppt die Dame unverzüglich.
Sie dreht die Scheibe schnell herunter:
„Zu schnell gefahren?“, fragt sie kläglich,
der Schupo wird jetzt richtig munter:
„Zu schnell gefahren?“, sagt er drauf,
„zu tief geflogen, schreib ich auf.“

II.

Ein Autofahrer, schwer betrunken,
schwankt durch die große, fremde Stadt.
Er klagt und jammert, gramversunken,
den Parkplatz er vergessen hat.
„Mein Auto kann ich nicht mehr finden,
nach Haus komm ich heut nimmermehr.“
„Mein Freund, du solltst dich überwinden,
den Bus zu nehmen“, rät ihm wer.
„Das geht ja nicht“, ruft er in Rage,
„der passt doch nicht in die Garage!“

III.

Die Frau Gemahlin lernt das Fahren.
Ihr Mann sitzt auf dem Platz daneben.
Sie will natürlich Kosten sparen.
Er soll ihr Anweisungen geben.
„Wie geht es los? Was soll ich machen?
Was ist jetzt richtig, was entbehrlich? –
Sei ernst und höre auf zu lachen“,
sagt sie zum Mann, dem lieben Erich.
„Das ist ganz einfach“, der dann spricht:
„Mach alles das, was du gewöhnlich
zu mir sagst, und zwar höchstpersönlich
sehr laut in diesem Fahrzeugraum –
denn etwas andres braucht’s wohl kaum …“

Das Eigentor

Ein Mann, der einen Kater hat,
hat diesen Burschen ziemlich satt.
Zum Fressen kommt er noch nach Haus,
sonst ist er ständig fort und aus.

Jagt hinter jeder Kätzin her.
Den Mann verdrießt das immer mehr.
Er packt den Burschen flugs am Kragen,
um ihn zum Tierarzt hin zu tragen.

Der nimmt ihn vor für wenig Geld.
Dem Kater ändert sich die Welt.
Er wird bald faul und dick und schwer,
Kätzinnen reizen ihn nicht mehr.

Jetzt bleibt er immer nur zu Haus,
fängt weder Ratte noch die Maus,
liegt gern in einer warmen Ecke
auf seiner weichen Winterdecke.

Am Boden schleift sein dicker Bauch.
Dem Mann missfällt dies aber auch.
Er sagt darum zum Tierarzt gar,
er hätt' es gern, wie's früher war.

Doch leider gibt es kein Zurück
zum schönen, alten Laterglück.
Gar mancher geht zwar logisch vor
und schießt sich doch ein Eigentor.

Das Gasthaus zur Eberesche

Im Frühherbst leuchten sie knallrot,
die Beeren von der Eberesche.
Ein schön'rer Anblick sich nie bot:
Ich hab dafür 'ne große Schwäche.

Im grünen Laub sie herrlich prangen,
die Büschel dieser Vogelbeeren,
und mancher will sie dort erlangen,
könn'n sich der Gäste kaum erwehren.

Das Rotkehlchen ist ständig hier,
die Drossel und der Eichelhäher,
die Grasmücke nimmt hier Quartier,
der Kleiber sitzt dort wie ein Späher.

Fuchs und Dachs am Boden lauern
auf das, was da herunterfällt.
Die Feldmaus ist dann zu bedauern,
weil sie wohl gar nichts mehr erhält.

Der Siebenschläfer frisst sich satt
an diesen wunderschönen Beeren.
Der Grünspecht hier sogar längst hat
sein Nest und lässt sich gar nicht stören.

Auch Menschen sieht man manchmal hier:
Die holen sich die schönen Beeren.
Sie machen daraus Konfitüre,
die man im Winter kann verzehren.

Auch Schnaps sie manchmal daraus brennen,
und wer sie trocknet, der kriegt Tee.
Den sollten wirklich alle kennen,
denn er hilft gegen Magenweh.

So ist der Ebereschenbaum
in unsrem Garten bei den Eichen
im Herbst ein wahrer Gästetraum,
von dem sie wollen gar nicht weichen.

Selbst wenn der erste Schnee dann fällt
und längst die Blätter sind gefallen,
dann leuchtet rot noch diese Welt,
erfreut die Tiere und uns alle.

Das Jubiläum

Ein Jubiläum steht ins Haus,
drum macht der Chef sich viele Sorgen.
Das Fest dazu, wie sieht es aus?
Was muss man dazu noch besorgen?

Die Sekretärin wird gebeten,
sie ist sehr pfiffig und sehr schlau,
den Chef in der Sach' zu vertreten,
sie scheint dafür die richt'ge Frau.

„'ne Überraschung muss es bieten,
das Fest, und darf nicht teuer sein."
Das sagt der Chef noch ganz entschieden.
„Und alle Leute soll es freun."

Die Frau muss vieles überlegen,
macht manchen Vorschlag ihrem Boss,
doch der ist überall dagegen –
mal ist's zu teuer, mal zu groß.

„Darüber wird sich niemand freuen",
sagt er zu einem andern Rat.
Die Sekretärin muss bereuen,
dass sie das übernommen hat.

„Wo ist denn da die Überraschung?“,
fragt er bei einem andern Vorschlag.
Die arme Frau packt die Verzweiflung,
sie rät ihm dann am nächsten Tag:

„Ach, häng dich auf, es kostet dich
rein gar nichts, diese Überraschung:
Und alle Leute freuen sich.
Hier hast du meine Kündigung!“

Das Liebespaar

Auf einer Bank am Waldesrand,
die dort so ganz alleine stand,
saß unser Franz mit seiner Gretel.
Sie war ein wirklich süßes Mädel.

„Ach, Fränzchen“, flüstert sie ihm zu,
„du mein geliebtes Fränzchen, du,
du musst doch wirklich eingestehn,
ich bin ganz ungewöhnlich schön.

Wie Kirschen rot und herrlich rund,
genauso leuchtet auch mein Mund.“
Er schaut sie an und nickt und schweigt,
worauf sie auf ihre Augen zeigt:

„Und Augen hab ich wie zwei Sterne,
die küsst du deshalb auch so gerne.“
Er nickt und lächelt sehnsuchtsvoll.
Was sie hier sagt, gefällt ihm toll.

„Und die Figur, die ist rasant.
Stimmt’s: Du verlierst fast den Verstand!“
Der Hans nickt wieder und schaut auf.
Sie lächelt fein und sagt darauf:

„Was mir an dir so gut gefällt,
du machst doch hier auf dieser Welt
Komplimente, wie's sonst keiner kann:
Für mich bist du der tollste Mann!"

Das Osternest

Klein-Suschen baut ein Osternest
im Holzhaus in dem kleinen Garten
und hofft, dass dann am Osterfest
dort Ostereier auf sie warten.

In aller Frühe rennt sie dann,
um nachzuschauen übern Rasen.
Sie kommt zurück, stupst Vater an
und ruft, sie fand den Osterhasen!

Der glaubt es nicht, geht mit ihr hin
und wundert sich, was er da sieht:
Sitzt doch im Osternestchen drin
die Miezekatze, ganz vergnügt.

Die Kleine hofft auf Eier hier,
doch der Vater sagt sodann,
dass man von diesem Katzentier
Eier nicht erwarten kann.

Klein-Suschen glaubt dem Vater nicht,
will selbst nachschauen in dem Nest.
Die Katze ist ein böser Wicht
und faucht sie an so richtig fest.

„Das muss da weg, das böse Vieh!“,
schreit jetzt ganz laut das arme Kind.
Der Vater überlegt gleich, wie
er des Rätsels Lösung find.

Dann holt er rasch ein Schälchen Milch,
um ’s Kätzchen von dem Nest zu locken,
und sieh, der ausgehungert’ Knilch
bleibt nicht mehr auf dem Nestchen hocken.

Stattdessen kann man jetzt dort sehen
drei Katzenjunge beieinanderliegen.
Suschen muss sofort hingehen
und eins davon auf den Armen wiegen.

Der Vater freut sich erst einmal ganz still
und stellt die Frage dann der Kleinen,
wie sie das Baby nennen will.
„Hasi passt doch!“, will ihr scheinen.

Das Reh im Garten

Es war im Winter draußen kalt,
da kam wohl aus dem nahen Wald
ein Reh zu uns in unsren Garten
und wollte dort die Zeit abwarten,
bis dieser Tag vorüber war.
Das wurde uns erst später klar.

Es lag nun an dem Wiesenrand,
da unten, wo die Birke stand,
und rührte sich danach nicht mehr,
das verwunderte uns sehr.

„Vielleicht ist es tot", meinte meine Frau,
„geh hin und schau einmal genau,
ob es noch atmet oder nicht."
Ich war darauf nicht sehr erpicht,
das arme Tier dort zu erschrecken
und aus dem Schlaf es aufzuwecken.

„Das hat es doch noch nie gegeben,
dass so ein Tier, um schlafen sich zu legen,
in unsren Garten ist gekommen.
Noch niemals ist das vorgekommen.
Wir müssen etwas unternehmen.
Dem Jäger sollst Bescheid du geben",
sagt meine Frau jetzt sorgenvoll.
Ich finde die Idee nicht toll,
weil sicher so ein Jägersmann
das Reh dann nur erschießen kann.

Der Nachmittag zieht bald vorüber,
wir beide schauen immer wieder
hinunter in den Wiesengarten,
weil wir doch dringend darauf warten,
dass sich da unten etwas tut.
Das Reh jedoch liegt da und ruht.

Es rührt sich nicht und steht nicht auf.
Es frisst auch nicht, hebt keinen Lauf,
sodass ich schließlich auch annehme,
wenn es sich nicht bald bequeme,
ein Lebenszeichen uns zu geben,
dann würde es wohl nicht mehr leben.

Jetzt kommt die Dämmerung heran,
sodass man's Reh kaum sehen kann.
Da steht es aber plötzlich auf,
macht sich davon in schnellem Lauf.
Es war wohl nur zum Schlafen hier.
Der Garten war sein Rastquartier.

Das Wespennest im Kirschbaum

Die Kirschen prangten rot und schön,
ich wollte längst ans Ernten gehn,
doch hoch im Baum im Vogelhaus
die Wespen flogen ein und aus.

Die hatten dort ein Wespennest.
Die Tatsache stand für mich fest.
Sie hielten lange Zeit mich ab,
bis ich mir einen Ruck dann gab

und endlich eine Leiter holte,
weil ich nicht riskieren wollte,
dass alle Kirschen hier verfaulten,
bloß weil die Mitbewohner maulten.

Vorsichtig stieg ich in den Baum.
Die Wespen juckte das wohl kaum.
Sie ließen mich erst ganz in Ruh
und schauten meinem Treiben zu.

Doch als ich kam zu nah ans Nest,
da stachen sie mich mehrmals fest,
und mir war plötzlich sonnenklar:
Jetzt lauert hier aber Gefahr.

Wollte ich noch Kirschen pflücken,
musste es mir ganz schnell glücken,
die Wespen möglichst auszuschalten.
Doch wie ließ sich das wohl gestalten?

Als es dann endlich dunkel war
und man keine Wesp' mehr sah,
weil alle waren längst im Haus,
stieg ich zum Vogelhaus hinauf.

Mit einem starken Klebeband
schloss ich das Loch jetzt vorderhand.
Dann hängte ich den Kasten ab.
Jetzt ging's in einem leichten Trab
zum Wassergraben schnell hinab.

Dort hängte ich den Kasten auf,
und lief dann weg in raschem Lauf,
nachdem ich's Klebeband gelöst,
weil so etwas ja doch verstößt
gegen den Schutz der wilden Tiere.
Auch wenn ich hier mich jetzt blamiere,
so kann ich dennoch ruhig sagen:
Ich würde das nicht wieder wagen.

Der Beweis

Morgens noch vor Schulanfang
stehn die Kinder auf dem Gang.
Sie reden, lachen und sie schreiben
Hausaufgaben ab und streiten.

Den Lehrer hat man nicht vernommen,
bis ein Bübchen ist gekommen,
das in 'ner Tüte aus Papier
ihm bringt ein unbekanntes Tier.

„Die Schlange hab ich gestern Nacht
gefangen und heut mitgebracht,
weil ihren Namen ich nicht kenne.
Können Sie mir diesen Namen nennen?"

Dann greift es in die Tüte rein,
wo das Tier noch musste sein,
um es flugs herauszuheben
und dem Lehrer dann zu geben.

„Vorsicht!", schreit der jetzt ganz laut,
und seinen Augen er nicht traut,
„das Tier, das könnte giftig sein!"
Das Bübchen aber sagt: „Oh nein,
giftig kann die gar nicht sein."

„Woher willst du denn dieses wissen?
Dazu hättest du sie kennen müssen.“
Da lacht der Bub ganz frech und laut
und hat dem Lehrer anvertraut:

„Ei, dreimal hat sie mich gebissen,
als sie mir ist ausgerissen,
und ich bin immer noch gesund.
Das ist doch wohl ein guter Grund.“

Der Garten

Wohl dem, der einen Garten hat,
da kann er wirken früh bis spat,
kann pflanzen, mähen, düngen, graben,
sich auch an reifen Früchten laben.

Kann Blumen pflanzen und auch Bäume,
verwirklichen all seine Träume.
Auf der Terrasse kann er grillen
und danach seinen Hunger stillen.

Im Sommer heißt es fleißig gießen,
damit die kleinen Pflänzchen sprießen.
Der Herbst bringt Körbe voller Laub,
und macht er sich dann aus dem Staub,
ist bald der kalte Winter da.
Dann schreit man innerlich hurra,
schließt schnell das Gartentürchen zu
und hat jetzt endlich seine Ruh.

Doch bald schon ist es wieder März,
da fasst man wieder sich ein Herz,
das Gartentürchen aufzuschließen.
Man sieht die schönsten Blümlein sprießen.

Und laut der ganze Garten schreit
nach Pflege und nach Tätigkeit.
Man ist verzagt, will lamentieren –
doch dann hilft nur: zubetonieren!

Das Schild

Der Lehmann hängt an seinem Haus
ein riesengroßes Schild hinaus:
„Vorsicht, Hund!“, steht dort darauf.
Der Nachbar stoppt den Dauerlauf,
den er gerade hat begonnen,
nachdem er eben hat vernommen,
was auf dem Schild geschrieben steht,
und fragt, wie das zusammengeht.

„Ein großes Schild, ein kleiner Köter?“,
fragt er den lieben Nachbarn Peter.
„Grad weil der Hund ein kleiner Wicht,
so möchte ich schon deshalb nicht,
dass einer ihn noch übersieht
und auf das kleine Kerlchen tritt“,

erklärt der Peter und will gehen.
Sein Nachbar bleibt noch immer stehen.
„Dann würd ich auf das Schild hier schreiben,
denn das wird im Gedächtnis bleiben:
‚Vorsicht vor dem bisschen Hund!‘
Der wiegt doch höchstens zwei, drei Pfund.“

Der Charmeur

Das Fest ist schon in vollem Gang
mit Essen, Trinken und Gesang.
In Gruppen steht man auf dem Rasen,
und manche an den Tischen saßen,
weil das doch viel bequemer ist
und man nicht so leicht sein Glas vergisst.

Jetzt endlich kommt der Doktor an –
in dieser Stadt der Lebemann,
mit grauen Schläfen, gut gestylt,
er gern in der Gesellschaft weilt.

Er ist ein echter Damenmann,
an dem man sich nicht sattsehn kann,
der jeder Dame wohl gefällt –
und reich dazu, ein Mann von Welt.

Wie sich's gehört, begrüßt er schnell
die Frau des Hauses auf der Stell.
Die sagt kokett, um ihn zu necken
und ihre Freude zu verstecken:

„Verehrter Doktor, so spät heute?
Sie treffen nur noch alte Leute.
Die hübschen, jungen, klugen Damen
sind schon gegangen, eh Sie kamen."

Der Doktor sagt darauf galant
und lächelt dabei sehr charmant:
„Das seh ich, doch ich denke mir,
wir beide bleiben trotzdem hier.“

Der Dauerredner

Der Präsident von dem Verein
lädt heute zu der Sitzung ein,
weil Rechenschaft er geben will.
Die Zuhörer sind alle still.

Dann redet er ununterbrochen,
obwohl die kurze Fassung er versprochen.
Vom Hölzchen kommt er auf das Stöckchen,
allmählich kräuseln sich zu Löckchen,
die Zehennägel all der Leute,
die ihm zuhörn müssen heute.

Die ersten schleichen aus dem Saal,
um zu beenden diese Qual,
und mancher Schnarchton ist zu hören,
den Redner tut das gar nicht stören.

Erst als ertönt ein Wecker schrill,
wird dieser Redner endlich still.
„Leider verlor ich meine Uhr
irgendwo in Wald und Flur",

ruft er erklärend in den Saal.
Ein Mann, erschöpft von dieser Qual,
sagt daraufhin dem guten Mann:
„Auch ohne Uhr, da sollte man
auf den Kalender schauen dann und wann."

Das Schwesterchen

Frau Kling erwartet Nachwuchs bald.
Dem Peterchen, vier Jahre alt,
hat man davon auch schon gesagt
und immer, wenn er danach fragt',
vom kleinen Schwesterchen berichtet,
das bisher keiner noch gesichtet.

Die Mama geht ins Krankenhaus,
und danach stellt sich bald heraus,
dass das Baby angekommen.
Jetzt wird auch Peter mitgenommen.

„Der Storch hat ein Schwesterlein gebracht",
sagt ihm der Vater, und er lacht.
„Du willst es sicher einmal sehen,
wir werden heute noch hingehen."

Doch darauf schüttelt nur den Kopf
ganz heftig dieser kleine Tropf:
„Die Schwester ist mir ganz egal,
doch würd ich sehen gern einmal
den Klapperstorch, das Riesenvieh,
denn so 'nen Kerl sah ich noch nie."

Der einzige Zahn

Warum fängt dieser blöde Zahn
ausgerechnet jetzt zu schmerzen an?
Wo es doch schon seit Jahresfrist
immer gut gegangen ist.

An diesem Kerl, dem einzigen,
dem wichtigen, alleinigen,
der das Gebiss noch halten kann –
an ihm hängt nämlich alles dran.

Er hätte längst schon weggemusst,
das hat man jeden Tag gewusst,
und trotzdem nie daran gerührt
aus lauter Angst, was dann passiert
mit dem Gebiss, das ohne Halt
ganz sicher auf den Boden knallt.

Drum hat man ihn gehegt, gepflegt,
sobald ein wenig er sich regt,
mit Salbe fein ihn eingeschmiert
und alle Mittelchen probiert,
damit der Schmerz ganz rasch vergeht,
der Zahn auch weiterhin besteht.

Doch grade jetzt, im fremden Land,
da rührt er sich ganz unverwandt
und droht, den Urlaub zu beenden,
gelingt es nicht, dies abzuwenden.

Salzwasserspülung wird empfohlen,
damit kann er sich schnell erholen
von der Entzündung, dieser bösen,
und den Patient vom Schmerz erlösen.

Der hat versprochen, hoch und heilig,
wenn er zu Hause, er dann eilig
zum Zahnarzt schnurstracks gehen wird
und sodann ganz unbeirrt
die Malaise wird beenden
und das Problem zum Guten wenden.

So lautet heute sein Versprechen.
Was wetten wir? Er wird es brechen!

Der erfüllte Wunsch

Herr Frey streift durch den dunklen Wald
und kommt an eine Höhle bald,
dort wo ein echter Zaubrer wohnt.
Er denkt, dass es sich vielleicht lohnt,
dem alten Kerl etwas zu schenken,
das besser schmeckt als Zaubertränke.

Er gibt ihm seinen Flachmann hin,
in dem ist immer guter Whiskey drin.
Der Waldmensch hat sofort probiert
und sagt darauf recht ungeniert:

„Weil dein Schnaps sich gut bewährt,
sei dir sofort ein Wunsch gewährt."
Herr Frey besinnt sich eine Weile:
„Ich wünsche mir in aller Eile,
dass meine Frau nur halb so alt
wie ich bin", sagt er darauf bald.

Dem Zauberer wird sehr schnell klar,
dass beide einundvierzig Jahr.
Herr Frey wünscht sich ein junges Weib
zum Ausgehn und zum Zeitvertreib.

Der Zauberer ihm schnell erfüllt
den Wunsch. Doch aus dem Auge quillt
Herrn Frey jetzt eine Tränenschar,
denn er ist plötzlich zweiundachtzig Jahr.

Das Pferd in der Bar

Es war einmal vor vielen Jahren,
da hat sich dieses zugetragen
in einer Bar im Wilden Westen.
Da kam, den Whiskey mal zu testen,
ein Pferd in eine Bar marschiert
und hat den Whiskey dort probiert.

Der Wirt ihm rasch einschenken musst'
ein großes Glas voll zum Genuss.
Dann trank es dieses Glas schnell aus
und schüttelte sich voller Graus.

Es fragte nach dem Preis sodann.
„Zehn Dollar", sprach der Wirtshausmann.
Das Pferd bezahlt. Drauf sagt' der Wirt,
dass ihm das niemand glauben wird,
dass hier einmal in seiner Bar
ein Pferd zum Whiskey-Trinken war.

„Das wird auch niemals mehr geschehen",
sprach drauf das Pferd, schon halb im Gehen,
„darum wird sich kein Pferd mehr reißen,
zu trinken hier bei deinen Preisen."

Frankreich (ein Klischee)

In unsrem Lieblingsnachbarland,
da findet man so allerhand,
was man in Deutschland gar nicht kennt.
„Typisch französisch“ man es nennt.

Mit Eisenkugeln schießen dort
ein Holzkügelchen die Männer fort.
Gelingt das, man zufrieden ist
und trinkt darauf einen Pastis.
Gelingt es nicht, ist's auch egal:
Man tut es eben noch einmal.

Wird man 50 Jahre alt,
geht man darauf auch schon bald
in Rente und kann, ist das nicht schön,
zum Angeln früh am Flüsschen stehn.

In Frankreich trinkt man roten Wein,
isst Weißbrot mit „fromage“ fein
und geht auch manchmal auf die Jagd
nach Trüffeln, was man keinem sagt.
Denn wenn er keine finden kann,
dann kauft er sie, der „Jägersmann“.

Die Sprache ganz besonders klingt.
Man sagt auch, der Franzose singt.
Oft spricht er durch seine Nase,
so klingt vornehm jede Phrase.

Bedingt durch seine Höflichkeit
gibt Fremden er Gelegenheit,
ihr Französisch fein zu üben.
Er selbst tut Fremdsprachen nicht lieben.

In Frankreich liebt man gutes Essen
und Wein dazu, nicht zu vergessen,
isst alles, was vier Beine hat,
dazu auch Obst gern und Salat.

Und jeder, der will gut dinieren,
als Feinschmecker sich präsentieren,
der imitiert französische Gourmets,
isst „Coq au vin" und Canapés.

Austern und Schnecken wählt man heute
im Restaurant für feine Leute.
Den Aperitif auch jeder kennt,
der sich ein Mann von Welt gern nennt.

In Deutschland lebt man zum Malochen,
doch will's gern umgekehrt versuchen
nach der Franzosen Lebensart.
Bon – noch ein Stückchen Himbeer-Tarte?

Der Höhlentag

Draußen fällt der Regen nieder
und du fragst dich immer wieder,
was kann man an solchen Tagen
bleiben lassen oder wagen?

Doch du willst nicht weiter klagen:
Es wird einer von den Höhlentagen.
Nimmst die Sache wie ein Mann,
ziehst die alten Kleider an,
dann Zeitung lesen, Briefe schreiben
und sich so die Zeit vertreiben.
Dafür ist Gelegenheit,
wenn es regnet, so wie heut.

Jetzt, beschließt du unverdrossen,
wird ein Gläschen Wein genossen.
Rennst in den Keller ohne Licht,
und dann stehst du armer Wicht
plötzlich bis zum Knie im Bach.
Dir entfährt ein leises: „Ach!“

An der Wand dort läuft es munter
vom Kellerfenster hier herunter,
dieweil doch dieses offensteht.
Dir jede Lust auf Wein vergeht.

Zuerst machst du das Fenster zu,
danach musst du in aller Ruh
das Wasser aus dem Keller schaffen.
Die Nachbarn freuen sich und gaffen.

Es rinnt die Zeit, die Kräfte auch,
es dunkelt schon, dir knurrt der Bauch.
Jetzt endlich ist der Keller trocken.
Du schaust dich an, bist von den Socken,
nass und schmutzig und so weiter.
Zum Glück sind es nur alte Kleider.

Der Idealberuf – von außen betrachtet

So ein Herr Lehrer hat es gut,
weil er so gut wie gar nichts tut.
Kaum hat der Unterricht begonnen,
kann er sich auch schon wieder sonnen
bei einem Gang in die Natur,
zu schauen nach des Wildes Spur.

Und Pausen hat er jeden Morgen
und Zwischenstunden, zu besorgen
sich Brot und Obst und auch noch Fisch
für seinen reichen Mittagstisch.

Und ist er dann im Klassensaal,
lässt er die Kinder erst einmal
im Buch abschreiben ohne Pause,
dann fühlt er sich grad wie zu Hause.
Was er nicht weiß, das fragt er dann
die Kinder ab, der gute Mann.

Ausflüge macht er, Wanderungen,
Fahrten und Besichtigungen
mit der Schüler zahlreich' Schar.
Am Abend sitzt er in der Bar.

Und auch schon bald ist es so weit:
Es kommt die schöne Ferienzeit.
Dann reist er fort in fremde Länder,
um anzuschauen die Gewänder,
die man dort trägt, und er probiert
Spezialitäten, die man ihm serviert.

Natürlich kriegt er Urlaubsgeld,
womit er dann die ganze Welt
besuchen und bereisen kann.
Kehrt er zurück – die Zeit zerrann –
dann spielt er Golf und geht spazieren,
tut öfter auch einmal probieren,
sich seinem Dienste zu entziehn,
stellt fest: Es geht auch ohne ihn.

Dann wird er krank in jungen Jahren,
muss öfter jetzt ins Kurbad fahren,
wird in der Schule nicht gesehen.
Ja, so ein Lehrer hat es schön!

Der Kirschbaum

In seinem Garten pflanzt ein Mann
voll Eifer einen Kirschbaum an.
Lang hat er hin- und hergedacht,
wie er damit wohl Freude macht
den Enkelkindern später dann,
wenn man dort Kirschen pflücken kann
bequem und leicht vom Balkon aus
am Ast ganz nahe bei dem Haus.

Die Zeit vergeht, der Baum gedeiht,
er wächst empor, wird stark und breit.
Die Äste reichen zum Balkon,
bald zeigen sich auch Kirschen schon.

Die Enkelkinder wachsen auch –
und wie das manchmal ist der Brauch,
sie schließlich auch besuchen kommen
die Großeltern, die's froh vernommen,
denn viele Kirschen trägt der Baum
und so erfüllt des Opas Traum.

Der Opa führt die kleinen Gäste
auf den Balkon, dort, wo die Äste
von Kirschen voll sich niederneigen,
um ihnen diese Pracht zu zeigen,
wovon sie sich bedienen sollten
so oft, wie sie das machen wollten.

„Kirschen essen wir doch nie,
wir haben eine Allergie!“,
darauf die lieben Kinder sagen.
Der Opa kann darüber klagen

oder es nehmen, wie es ist.
Am besten ist’s, dass er vergisst,
wozu er diesen Baum gezogen,
denn diese Hoffnung hat getrogen.

Der Kobold

Die Mitternacht ist längst vorbei,
die Uhr, die zeigt schon kurz vor drei.
Im Rollladenkasten nagt etwas.
„Hörst du es auch? Was ist denn das?",
fragt jetzt die Frau und lauscht gespannt.
Da zeigt sich etwas an der Wand.
„Da ist 'ne Ratte hier im Zimmer",
schreit sie, „und du, du schläfst noch immer!"

Nun endlich wird der Mann auch wach,
steigt aus dem Bett mit Ach und Krach.
Da flitzt ein Schatten aus dem Zimmer
und ihm wird klar: Den kriegt er nimmer.

Er folgt ihm schnell, macht Licht im Haus.
Da rennt etwas wie eine Maus
quer durch den Raum und auf den Schrank,
ist schwarz und grau, mit Augen blank,
und schaut ihn an, der kleine Wicht:
„Ätsch, du kriegst mich aber nicht!"

Der Mann jetzt öffnet alle Türen,
denn er will den Bilch verführen,
das Haus schnellstmöglich zu verlassen,
er weiß, er kann ihn sonst nicht fassen.

Der aber läuft rasch in den Schrank.
„Jetzt hab ich ihn, na, Gott sei Dank!",
freut sich der Mann und jubelt laut.
Die Frau beschimpft ihn: „Vollidiot!
Der sitzt da drin und lacht sich tot!
Bring ihn heraus jetzt auf der Stell'
und aus dem Haus, aber ganz schnell!"

Der Mann schafft jetzt mit aller Müh,
es dämmert schon die Herrgottsfrüh.
Der Kleiderschrank ist ausgeräumt,
die Ehefrau noch immer schäumt.

Der Mann ist müd, legt sich aufs Ohr.
Jetzt kommt der Bilch von selbst hervor,
und durch das Fenster rennt er fort,
verlässt den ungastlichen Ort
und kehrt auch niemals mehr zurück.
Da hat der Mann noch einmal Glück!

Der Kuckuck

Wenn zur schönen Frühlingszeit
aus dem Wald der Kuckuck schreit,
fasst in die Hose mancher Mann,
ob er darin auch finden kann,
die Börse mit dem Münzengeld,
weil dadurch ihm, so wird erzählt,
das Jahr über dann niemals fehlt
genügend Geld, und zwar in bar.
Doch wenn sie nicht vorhanden war,
ist das bestimmt kein gutes Zeichen
und er gehört nicht zu den Reichen,
wird manchmal großen Mangel leiden
und muss wohl leben sehr bescheiden.

„Kuckuck, Kuckuck, sag mir doch,
wie viele Jahre leb ich noch?“,
wird der Rufer auch gefragt,
und wenn er es dann wirklich sagt
und er nur noch ein paar Mal ruft,
wird er dann schnell herabgestuft
zu einem Lügner, einem Lump,
der einen hier betrügt ganz plump.

Auch gilt, dass, wenn der Kuckuck schreit,
für alte Leute es wird Zeit,
an einen Wiesenhang zu gehen,
sich hinzulegen und zu drehen
sich um die eigne Achse dann,
bis man kommt schließlich unten an.
Das bringt Gesundheit, Wohlbefinden,
wie es die Alten schon verkünden.

Doch leider muss man auch erfahren,
dass grade in den letzten Jahren,
der Kuckuck immer selt'ner piept.
Vielleicht, weil es zu wenig gibt,
oder weil er nicht beliebt
bei allen kleinen Vögelein,
in deren Nest er legt hinein
sein großes Ei, ohne zu fragen,
und diese müssen nachher tragen
die Sorge für das Kuckuckskind.

Nun, solche auch zu finden sind
in manchem großen Menschenhaus,
doch das kommt seltener heraus.

Der potenzielle Nachfolger

Der Generaldirektor Schwer
ruft, so laut er irgend kann,
seine Sekretärin her
und befiehlt: „Frau Suppermann,

Sie suchen jetzt in dieser Firma
'nen jungen Mann, ganz unverzüglich,
der clever ist und der ganz prima
beerben könnte mich womöglich.

Was ich brauch, ist ein Spezialist
mit Grips im Kopf, der außerdem
nach einer nicht zu langen Frist
mich in den Schatten stellt bequem.

Ich will Adresse und den Namen
von diesem Burschen unverzüglich."
Nur wenige in Frage kamen
für diesen Posten – sehr betrüblich.

Sie sucht den Allerbesten aus
und reicht ihn an den Chef dann weiter.
Der lobt sie übers Maß hinaus,
das stimmt sie wirklich froh und heiter.

Darum sie ihren Boss jetzt fragt,
was mit dem Mann geschehen sollte,
den sie da aufgetrieben hat,
ob er ihn wohl befördern wollte.

Der andre aber lacht sie aus
und sagt ihr dann, wonach sie grollte:
„Den werf ich selbstverständlich raus!“,
worauf sie sich verlassen sollte.

Der Reisebericht

Herr Meier will dem Freund berichten
einige der Topgeschichten,
die er erlebte in den USA,
wo er just gewesen war.

„Von Frankfurt aus sind wir geflogen …“ –
„Geflogen bin ich auch einmal,
ich flog über den Kanal,
nach England, und du glaubst es nicht,
da saß doch neben mir ein Wicht,
der sagte mir glatt ins Gesicht,
mein Englisch wär nicht zu kapieren …“ –
Herr Meier will's noch mal probieren:

„Da trafen wir doch dort in Boston,
der schönen Stadt ganz im Nordosten ...“ –
„Getroffen hab ich vor drei Tagen,
das wollt ich dir doch schnell noch sagen,
den Fred, der in der Schule schon
gern gespielt den Klassenclown …“,
erzählt sein Freund jetzt ganz ausführlich.
Herrn Meier ärgert das natürlich.

Doch weil er es sich vorgenommen,
ist er nochmals zurückgekommen
auf die Reise in die USA,
zumal ihm das sehr wichtig war.

„In New York, der Riesenstadt,
verlebten wir den Neujahrstag …“
Doch weiter ist er nicht gekommen,
obwohl er es sich vorgenommen,
mit dem Bericht, von dem er glaubt,
dass er dem Freund die Nachtruh’ raubt.

Der unterbrach ihn jetzt sofort
mit dem Bericht vom Nachbarort,
wo er das Neujahr angefangen,
erzählte, wie’s dort abgegangen
und dass er nur nach Haus gekommen,
weil ihn ein Freund hat mitgenommen.

Herr Meier sagt darauf: „Adieu!
Sehr interessant, mach’s gut, ich geh.“
Den Kerl muss man dumm sterben lassen.
So ein Idiot. Er kann’s nicht fassen.

Der Trick

Der Polizei erzählt Frau Rabe,
dass man sie schwer bestohlen habe.
Sparbuch, Geld und die Kassette
mit Münzen man genommen hätte
aus ihrem Wohnzimmerbuffet,
obwohl, wenn aus dem Haus sie geh,
sie immer richtig abgeschlossen,
drum habe es sie sehr verdrossen,
dass dieses Unglück konnt' geschehen.
Sie könnt es einfach nicht verstehen.

Fremde kämen nie zu ihr.
Nur neulich eine Frau war hier,
die Mittelchen ihr dagelassen
für die Gesundheit. Nicht zu fassen,
wenn die etwas gestohlen hätte,
weil diese Liebe, Brave, Nette
mit ihr nur in der Küche saß,
worüber man die Zeit vergaß.

Nur einmal ging sie zur Toilette,
doch in der kurzen Zeit dort hätte
sie nie die Sachen können stehlen,
all die Schätze ihr wegnehmen.

Sie musste diese Frau beschreiben,
und es gelang, sie aufzutreiben
und zu beschatten unerkannt.
Man hatte noch nichts in der Hand
als Grund, sie jetzt schon zu verhaften,
den musste man sich erst beschaffen.

Und das gelang dann auch recht schnell,
denn sie wurd' wieder kriminell.
In eine Wohnung sie spazierte
und kurz darauf sich etwas rührte
an der Tür: Sie ging sacht auf.
Ein Komplize schlüpft' darauf
von außen durch den Spalt hinein.
Was er dort wollt, das war gemein!

Schwer bepackt kam er heraus.
doch eh er noch verließ das Haus,
Die Polizei ihn schon ergriff
und die Komplizin er verpfiff,
die ihm geöffnet hat das Tor.
Das kam dann auch nie wieder vor.

Der Unterschied

Ein arroganter junger Mann,
der viel verspricht und gar nichts kann,
gibt in Gesellschaft mächtig an,
versucht, mit seinen schrägen Fragen,
die Menschheit immer schön zu plagen,
die Leute fies hereinzulegen,
sie zu Antworten zu bewegen,
worüber er dann lachen kann,
sich amüsiern, der Hampelmann.

Den alten Lehrer er jetzt fragt,
ob der vielleicht ihm einmal sagt,
wie Zeit und Ewigkeit sich unterscheiden,
dabei soll Fremdwörter er meiden.

„Selbst wenn ich dazu hab viel Zeit,
dann dauert das 'ne Ewigkeit,
bis Sie's begreifen, junger Mann",
sagt ihm der Alte und verschwindet dann.

Der Werwolf

Von allen Tieren, die wir kennen,
darf man den Werwolf wohl benennen
als seltenstes und eigenartig,
weil bisher noch von dieser Art sich
nicht einer zu erkennen gab.
Doch hält er viele schwer auf Trab.
In Märchen häufig er erscheint,
vor Schreck und Angst ein mancher weint.

Oft taucht er auf in alten Sagen
und darin dann die Menschen klagen,
dass man ihn nicht erkennen kann,
denn manchmal ist er Wolf, dann Mann.
Doch nimmt man ihm sein Wolfsfell weg,
weil man gefunden das Versteck,
dann ist er auch kein Werwolf mehr
und heult in Vollmondnächten sehr.

Man kann ihn nicht mit Schrot erschießen,
der Jäger muss dazu erst gießen
aus reinem Silber ein Geschoss,
denn er kann ihn damit bloß
vom Leben hin zum Tode bringen.
Das aber wollte recht gelingen
bisher noch keinem Jägersmann.
Drum lebt der Werwolf und er kann
bis heute sein Unwesen treiben –
und so wird es wohl auch weiter bleiben.

Die Handleserin

Auf dem Maimarkt ist viel los,
Sensationen, riesengroß,
kann man hier entdecken.
Daneben in den kleinen Ecken
Herr Meier hin und wieder fand
auch manchen schmalen, kleinen Stand.

Vor einem drängen sich die Leute.
Herr Meier denkt voll großer Freude:
Da will ich ebenfalls hingehen,
um dort schnell einmal nachzusehen,
was es da Interessantes gibt,
warum der Stand ist so beliebt.

„Handlesen" er geschrieben findet
auf einem Schild, das auch verkündet,
dass die Dame in dem Stand
ersehen kann aus jeder Hand
das Schicksal und die Zukunft schnell.
Herr Meier testet's auf der Stell.

Gesundheit sie ihm viel verspricht.
Krankheiten werden sicher nicht
in seinem Leben ihm begegnen.
Herr Meier ihr darauf entgegnet:
„Das wär ja furchtbar, meine Liebe,
weil ich dann ohne Geld verbliebe.
Als Arzt ich von der Krankheit lebe
und schlimm wär, wenn es keine gäbe.“

Die Enttäuschung

Das Theaterstück ist aus,
die Besucher gehn nach Haus,
die Akteure fröhlich winken,
sie werden jetzt noch einen trinken.

Alle sind des Lobes voll,
fanden die Aufführung toll,
nichts ging schief, die Leute lachten
und zum guten Ende machten
„Standing Ovations" sie sogar,
selten, dass es sonst so war.

Nur dem Star von dieser Truppe
scheint der Erfolg heut völlig schnuppe,
schmollend zieht sie sich zurück,
keiner hat bei ihr heut Glück,
will er sie zum Feiern holen.
Einer fragt darum verstohlen,
warum sie sich denn so ziere,
wo doch der Ruhm auch ihr gebühre.

„Sie hat neun Sträuße nur bekommen,
und das hat sie so mitgenommen",
darauf ein andrer zu ihm sagt,
worauf sein Freund noch einmal fragt:

„Ist ihr das denn noch nicht genug?
Daraus werde ich nicht klug.“ –
„Sie hatte aber zehn bestellt
und auch bezahlt mit ihrem Geld.“

Die Kellerräumerin

Im Keller kennt sich bestens aus
in ihrer Tochter großem Haus
die Oma, die in Ordnung bringt,
wozu der Umzug demnächst zwingt.

In vielen Kisten sie entdeckt,
was bisher dort war gut versteckt
und was man noch mal brauchen kann.
Das schleppt die Oma alles an.

Die vielen alten Kindersachen
könnten auch heut noch Freude machen,
wenn man nur wüsst', wo damit hin,
dann hätt' das Ganze einen Sinn.

Auch Kleider aus vergang'nen Tagen,
noch fast wie neu, kaum abgetragen,
sie in den alten Schränken findet,
wovon, wie lauthals sie verkündet,
sie einige sich nehmen will.
Die Tochter akzeptiert es still.

Auch Möbel sie entdeckt noch viel
und macht es sich alsbald zum Ziel,
in die Garage sie zu schaffen
zu anderem, was sie konnt' raffen
in des Kellers dunklen Schlünden,
die sie mit Eifer tut ergründen.

Ob Schuhe, Stiefel oder Schüsseln,
sie alle hier beweisen müssen,
dass sie noch sehr von Nutzen sind
für Oma, Opa oder Kind.

Am Schluss ist die Garage voll,
die Oma findet das ganz toll,
die Tochter jedoch weit wen'ger:
„Ich bestell dir 'nen Müllcontainer,
dann packen wir dir alles ein.
Ich schenk es dir, es ist jetzt dein.“

Die Oma wird vor Schreck ganz bleich.
Es werden ihr die Knie weich.
Der Müllcontainer wird geordert
und darin alles wird befördert
zum Sammelplatz von dieser Stadt,
wonach man endlich Ruhe hat.

Die Mäh

Zum Abschied aus dem Arbeitsleben
haben Kollegen ihm gegeben
ein Schaf, das ihm ersetzen sollte,
obwohl er das doch gar nicht wollte,
die Arbeit mit dem Rasenmähen.
Der Otto hat's nicht gern gesehen.

Die „Mäh", wie er sie bald genannt,
ist quer durch den Garten schnell gerannt,
hat Blumen, Kräuter abgefressen
und hat dabei das Gras vergessen.

So musste Otto Zäune bauen
sonst wär sie wieder abgehauen
und hätte den Salat gefressen.
Auch musste er, nicht zu vergessen,
'nen Stall ihr bauen vor dem Winter.
Bald darauf bekam sie Kinder,
die liebe Mäh, und übers Jahr
war wieder neuer Nachwuchs da.

Jetzt hatte Otto eine Herde,
worüber sich schon bald beschwerte
die ganze liebe Nachbarschaft.
Deshalb hat er sie fortgeschafft
in einen Stall am Dorfesrand,
wo niemand störte der Gestank.

Der Otto hat jetzt viel zu tun
und keine Zeit, sich auszuruhn.
Muss Schafe hüten, Hunde füttern,
Stall ausmisten, Bauern bitten,
ihm Stroh und Heu doch zu verkaufen,
womit er füllen kann die Raufen
der Schafe in der Winterszeit.
Auch sollte ab ihr Wollekleid,
damit sie nicht so schwitzen mussten.
Dann waren Klauen oft zu stutzen.

Für Urlaub fand er keine Zeit,
und solche Pläne lagen weit
zurück in einem andern Leben,
als hätte es sie nie gegeben.
War das der schöne Ruhestand,
den so erstrebenswert er fand?

Da fasste Otto den Entschluss:
Mit dieser Schäferei ist Schluss.
Die werde ich jetzt schnell verkaufen
und lieber hinterm Mäher laufen
wie früher in den alten Zeiten,
noch ohne Mäh und ohne Weiden.

Die Vernissage

Am Sonntagmorgen gegen zehn,
zur Galerie die Leute gehn.
Dort schaut man sich die Bilder an,
trifft auch dabei so dann und wann
Nachbarn, Freunde und Bekannte,
manchmal sogar Anverwandte.

Auf einmal wird es plötzlich still,
der Fachmann nämlich reden will,
um uns zu sagen, was man sieht,
und wie sie wirken aufs Gemüt,
die Werke von dem Malersmann,
falls man es sonst nicht spüren kann.

Er spricht von Zeichen und Symbolen,
von Tiefenwirkung. Unverhohlen,
lobt er des Künstlers Pinselstrich,
den Farbenrausch, die Übersicht,
mit der er malt und froh gestaltet:
Modern sei das, gar nicht veraltet.

Herr Müller schaut die Preise an,
sieht, dass er sich nicht leisten kann
ein Werk von dieser Meisterhand,
doch bald er etwas andres fand:

Brezeln und Wein man nehmen soll,
das findet er nun wirklich toll.
Die Kunst ist ihm zu irreal,
jetzt greift er lieber zwei-, dreimal
zu diesen ganz normalen Dingen,
lässt so den Vormittag ausklingen.

Dann denkt er noch so bei sich still,
wovon der Maler leben will,
wo er doch gar nichts hat verkauft!
Ob der sich nicht die Haare rauft?
„Ist dies das wahre Künstlersein?“,
denkt Müller sich und trinkt den Wein.

Die Vokale

In Deutsch sind Thema heut Gedichte.
Dem Lehrer ist es äußerst wichtig,
der Klasse erst mal zu erklären,
wie die Wirkung der Vokale wäre:

„Das A, das U wir häufig finden
in Wörtern, welche uns verkünden
Unangenehmes, was Angst uns macht."
„Gefahr", die „Grube" und die „Nacht"
als Beispiele er hat gebracht.

Der Georg hat darauf gelacht
und dann als Beispiele gesagt,
dass „Lachen", „Saft" und auch die „Mutter",
die „Kraft", der „Schuh" und auch die „Butter"
ihm gar nicht sehr gefährlich scheinen.
Dem Lehrer war darauf zum Weinen.

Das E, das I und auch das Ei
bewirken, dass man fröhlich sei,
wie das die Wörter wohl bewiesen
„frei", „frisch" und auch die „Wiesen",
so der gute Lehrer spricht,
der Georg aber glaubt es nicht.

Und wieder hat er laut gelacht
und andre Beispiele gebracht:
Der „Streit", der „Strick" und auch die „Leiche",
der „Stein", die „Hexe" und die „Streiche".

Das hat den Lehrer überzeugt,
den Argumenten er sich beugt.
Zum Glück ist auch die Stunde um.
Der Lehrer geht und fühlt sich dumm.

Die Weinprobe

Am Mikrofon der Kenner spricht,
geht mit den Gästen ins Gericht,
wenn sie nicht hören, was er sagt.
Fehlt nur noch, dass er sie abfragt,
was er zuletzt hier vorgetragen.
Er weiß: Sie könnten's ihm nicht sagen.

Von Brombeer spürt er einen Hauch,
von Pfirsich und Bananen auch
in diesem Wein, den wir da trinken.
Ein Gast lässt jede Hoffnung sinken,
dass er das Gleiche selbst auch schmeckt,
wenn er an diesem Wein hier leckt.

Am liebsten wär er jetzt zu Hause,
denn so ein blöder Weinbanause
gehört nicht hierher, wird ihm klar,
in so eine Weinkennerschar.

Im Abgang sei er rassig hart,
beim Schlürfen schmeckt er mild und zart,
und wer das Kirscharoma spürt,
der ist von diesem Wein gerührt.

Der große Meister, ganz beglückt,
verkündet es. Das Volk, es nickt,
und jeder hat sofort gespürt,
wie ihn das Kirscharoma rührt.

Nur der Banause kann nicht finden,
was der Meister tut verkünden.
Ein hoffnungsloser Fall ist er,
drum ruft er die Bedienung her:

„Ich hätte gern ein großes Bier!“
Doch trinken muss er’s vor der Tür.

Die Zeitung

Frau Klein ist ihre Zeitung wichtig,
dort erfährt sie erst so richtig,
was los ist in der kleinen Stadt
und was sich so begeben hat.

Hier ist jeden Tag zu lesen,
wo eine Feier ist gewesen.
Auch wird das Blatt ihr stets verraten,
wer schon seit vielen, vielen Jahren
sich für die andern engagiert,
und manchmal auch, wer sich blamiert
und wo man etwas aufgeführt.

Sie liest, wozu wird eingeladen,
und kann mit Freunden sich beraten,
wohin man geht und wohin nicht,
und außerdem vergisst sie nicht,
wichtige Termine zu beachten,
worauf die Ämter Hinweis brachten.

Auch liest sie, was der Rat der Stadt
erst neulich so beschlossen hat
und wer dafür war, wer dagegen,
und was diese Leute so bewegen.

Frau Groß erhält ebenfalls das Blatt,
doch hineingeschaut sie hat
noch nicht ein allereinziges Mal:
Was dort steht, ist ihr piepegal.

Sie interessiert nur das Papier
zum Feuermachen täglich hier
in ihrem Ofen aus Gusseisen
den sie jeden Tag tut speisen
mit Papier und mit Baumrinden,
mit Zapfen, die sie konnte finden
im nahen Wald bei ihrem Haus.
Dort kennt sie sich bestens aus.

Wenn dann das alles lustig brennt
und man sich daran wärmen könnt,
hat auch die Zeitung, schön zerknüllt,
tagtäglich ihren Zweck erfüllt.

Dienst im Museum

Horch, was kommt von draußen rein?
Wird's wohl ein Besucher sein,
der sich hier herein verirrt?
Ach, man ist schon ganz verwirrt.

Dieser Dienst an der Kultur
ist oft Langeweile pur.
Angebote will man machen,
doch die Leute drüber lachen.

Sitzen nebenan beim Bier.
Es ist zum Verzweifeln schier.
Also lassen wir es bleiben,
werden in die Zeitung schreiben:

Das Museum ist jetzt zu,
die liebe Seele hat nun Ruh.
Sofort hörst du die Menge toben
und das Museum ganz laut loben.

Schimpfen auf die faulen Typen,
die hier keinen Dienst mehr schieben,
schreien nach der Obrigkeit,
fordern die Gelegenheit,
das Museum aufzuschließen,
denn man will Kultur genießen!

Ein blöder Hund

Schach spielt Herr Klug mit seinem Hund,
dabei geht's manchmal ganz schön rund,
dieweil der Bello besser ist,
was der Herr Klug manchmal vergisst.

Auch diesmal ist er unterlegen.
Der Zorn sich jetzt in ihm will regen.
Er schreit dem Bello ins Gesicht:
„Du blöder Hund, so geht das nicht!

Wenn du dir etwas ausgedacht,
das Schwierigkeiten mir dann macht,
dann wedle doch nicht mit dem Schwanz!
Das stört die Überraschung ganz.

Bevor das Spiel du hast gewonnen
und mir den König abgenommen,
da sagst du ‚Schach' und nicht ‚Wauwau'.
Merk dir das endlich, blöde Sau!"

Reisepläne

Familie Grün heut diskutiert,
im Wohnzimmer zur Abendzeit,
wohin sie diesen Sommer führt
die Urlaubsreise und wie weit.

Die Mutter will zum Ostseestrand,
wo sie sich gut erholen kann,
denn dort liegt sie auf weißem Sand,
will bräunen sich und baden dann.

Die Tochter zieht es in die Stadt,
in eine große, weltbekannte,
wo es recht viele Discos hat:
München, Berlin sie dabei nannte.

Der Vater zieht die Berge vor,
wo er spazieren gehen kann.
Er liebt der Blumen bunten Flor,
die Felsen und den dunklen Tann.

Der Sohn schweigt still erst vor sich hin,
dann kommt es ihm so in den Sinn:
„Wo ich noch nie gewesen bin,
da möchte ich jetzt einmal hin."

Der Vater schaut das Söhnchen an,
verständnisvoll, dann meinte er
ganz ernst zu diesem jungen Mann:
„Dann geh doch einmal zum Frisör!“

Erkältungszeit

Es brennt im Hals, die Nase tropft,
das Fieber 40 Grad erreicht.
Er fühlt sich grad wie weichgeklopft,
sein Husten einen Stein erweicht.

Die Wadenwickel sollen helfen
das Fieber abzukühlen schnell.
Kartoffeln, die sie musste pellen,
packt Mutter auf die richtige Stell.

Er wird ins warme Bett gesteckt,
zwei Decken drauf, er trinkt 'ne Kanne
mit Tee, den Mutter selbst gepflückt.
Danach geht's in die Badewanne,
und bald ist diese Kur geglückt.

Er fühlt sich wieder ganz normal,
Krankheit vorbei, es war einmal.

Der Vater da nur spotten kann,
der Sohn sei doch wohl noch ein Knabe
und immer noch kein echter Mann,
nein, keine Kraft im Leib er habe.

Zwei Wochen später fühlt der Vater
die gleichen Schmerzen wie der Sohn.
Er fühlt sich wie ein alter Kater,
glaubt an sein letztes Stündlein schon.

Sofort braucht er einen Termin
beim Facharzt drinnen im Spital.
Nach zwei, drei Tagen kriegt er ihn
und schildert dort die große Qual,
die auszustehen er jetzt hat.

Man schreibt ihn krank für 14 Tage,
weil er so schwächlich und so matt,
und sagt, dass er sich ja nicht wage,
früher zu weichen von der Lagerstatt.

Er schluckt Tabletten, inhaliert,
lutscht Pillen gleichfalls eimerweise
und hat dann schließlich noch probiert
zu kriegen eine Reha-Reise.

Die Mutter kocht ihm gute Sachen
und hört sich sein Gejammer an.
Nur einer findet das zum Lachen,
man denkt es sich – der Sohnemann.

Im Nebel

Herr Kurz in seinem Ferienhaus
schaut abends auf die Straß' hinaus,
wo rings der Nebel ihm verstellt
den Blick auf Garten und die Welt.

Plötzlich saust ein Auto an,
knallt an das einsam Häuschen dran!
Der Fahrer drin sich nicht mehr regt,
als Kurz die Autotür bewegt,
um sich den Koffer schnell zu holen,
bevor der dort noch wird gestohlen.

Der Koffer ist randvoll mit Geld,
dem Herrn Kurz das sehr gefällt,
und er denkt, wenn er jetzt wegfährt
und hinterher einfach erklärt,
dass er nicht hier gewesen war,
als das passierte, dann ist klar,
dass er das Geld nicht hat genommen
und auch nicht weiß, wo's hingekommen.

Sein Alibi wär fein und klar,
zumal er nicht anwesend war.
Gesagt, getan. Er fährt nach Haus,
gibt von dem Geld vorerst nichts aus.

Natürlich hat die Polizei gefragt,
doch denen hat er dann gesagt,
dass nur zur schönen Sommerzeit
er nutze die Gelegenheit,
sich in dem Landhaus aufzuhalten,
um dort den Garten zu gestalten.

Von Geld und Unfall hat er nichts gehört.
Natürlich ist er sehr empört,
dass so ein Lump wohl in der Tat
das Opfer noch bestohlen hat.

Er fährt mit der Polizei hinaus
und schließt ihr auf das Ferienhaus.
Der Kommissar schaut sich dort um:
„Verkaufen Sie uns nicht für dumm!

Sie waren in der Unfallnacht
hier in dem Haus, als es gekracht,
und haben dann das Geld genommen
und schnell gemacht, dass Sie wegkommen!"

Herr Kurz, der streitet alles ab.
„Ich war zu Haus, ich hab's gesagt!"
Der Polizist weist mit der Hand
auf den Abreißkalender an der Wand. –
Das Datum von dem Unfalltag
der Kalender deutlich zeigt.
Worauf Herr Kurz erstummt und schweigt.

Katzenwäsche

Ihre Katze taucht ein Mädchen
ins Brunnenwasser vor dem Städtchen.
Dann wird sie gründlich eingeseift,
wozu das Kind zum Shampoo greift.

Die nächste Spülung folgt dann prompt.
Jetzt plötzlich eine Dame kommt
vorbei an diesem schönen Ort,
bleibt stehn und sagt dem Mädchen dort:

„Weißt du denn nicht, dass so ein Tier
nicht will gewaschen sein von dir?"
Die Kleine jedoch darauf spricht:
„Das sagt man so, doch stimmt es nicht.

Die Mieze mag die Wäscherei
und macht dabei auch kein Geschrei
und nicht einmal beim Untertauchen
tut sie miauen oder fauchen."

Die fremde Dame steht und staunt
und hat dem Mädchen zugeraunt:
„Du meinst wohl, das gefällt dem Tier?
Das denkst du doch nur so bei dir."

Die Kleine lacht und sagt darauf:
„Nur etwas regt sie wirklich auf:
Wenn ich sie in den Trockner tu,
das mag sie nicht, gibt keine Ruh.

Bis ich sie auf die Leine hänge,
dann schnurrt sie wieder jede Menge.“
Die Dame kann das nicht begreifen:
Wie kann man nur ein Tier einseifen?

Und dann noch in den Trockner tun?
Die Vorstellung lässt sie nicht ruh’n.
Dem Mädchen ist das jedoch schnuppe,
denn seine Mieze ist ’ne Puppe.

Scherzkekse

I.
Ein Mann sagt seiner Allerliebsten,
dass er so furchtbar durstig sei.
„Dann bring ich dir am allerbesten
ein Glas voll Wasser rasch herbei."
Der Mann ist davon nicht entzückt:
„Ich habe Durst und bin nicht dreckig,
ich denke fast, du bist verrückt,
den Vorschlag finde ich ganz schrecklich",
hat er sich deutlich ausgedrückt –
er freut sich wieder, hat gelacht,
als sie ihm ein Glas Bier gebracht.

II.
Ein Mann den andern hat gefragt,
was wohl ein Glaser würde machen,
wenn er so gar kein Glas mehr hat.
Der andre konnt es ihm nicht sagen. –
„Dann muss er aus der Flasche trinken!",
sprach er heiter, und er lachte
über das Gesicht, das sein Gegenüber machte.

III.
Ein Gast beschwerte sich beim Kellner,
weil er in seiner Suppe sah
'ne Fliege. Doch darauf meinte der:
„Bald ist sie nicht mehr da!
Sehn Sie die Spinne dort am Rand
des Tellers lauernd sitzen?
Die wird sie gleich hinwegstibitzen!"

Erlebnis eines Fernreisenden

Ein dicker Frosch kam plötzlich an.
Dahinter schlängelt sich heran
eine daumendicke Schlange,
doch dem Frosch war gar nicht bange.

Er machte einen großen Satz
und nahm dann ruhig wieder Platz.
Die Schlange brauchte sehr viel Zeit,
bis sie zum Angriff war bereit.

Doch ihr Maul war viel zu klein,
der Frosch passte dort nicht hinein.
Der war inzwischen auch schon fort,
bevor die Verfolgerin den Ort
erreichte, wo er hat gesessen.
Die Jagd, die konnte sie vergessen.

Ich hab mich sachte dann bewegt,
drauf hat die Schlange umgedreht,
ist sogleich im Gras verschwunden.
Ich habe sie nicht mehr gefunden.

„Schlangen sind recht viele da
hier bei uns in USA,
das weiß doch ein jedes Kind –
und auch, dass sie nicht giftig sind.

Sie sind im Garten oft zu finden,
doch ganz eilig sie verschwinden,
wenn ein Mensch sich ihnen naht.
Erst neulich sah ich auf dem Pfad
eine mit gelbgrünen Streifen
dort eine kleine Maus ergreifen",
so unser Gastgeber erzählt.
Jedoch mich der Gedanke quält:
Ob die auch alle harmlos waren?
Ich werde es wohl nie erfahren.

Sehschwach

Franz wird zur Musterung befohlen.
Man will zum Militär ihn holen.
Doch dazu hat er keine Lust,
denkt er daran, so schiebt er Frust.

Er fragt die Freunde flugs um Rat,
um nicht zu werden ein Soldat.
Sehschwach solle er sich geben,
weil so ein Kerl doch nie im Leben
zum Militär gezogen wird.
Nun: Die Komödie wird aufgeführt.

Und es klappt, er wird entlassen
und kann sein Glück noch gar nicht fassen.
Im Bahnlokal trinkt er ein Bier,
dieweil sein Zug noch lang nicht hier.

Dabei schaut er das Spiel sich an
im Fernseher, schreit dann und wann
genau wie die andern „Foul!“ und „Tor!“
und kommt sich frei und fröhlich vor.

Jetzt schneit der Must'rungsarzt herein,
erkennt den Franz und lädt sich ein
an seinen Tisch, wo man gut sehen kann
die Fußballer alle, Mann für Mann.

Dem Franz, dem wird schlagartig klar,
er muss jetzt retten, was zu retten war.
„Ach, liebe Frau“, er zu ihm spricht,
„bei diesem Tempo sah ich nicht,
ob dies der Zug ist nach Schönauen –
und durch das Fensterchen zu schauen
geht auch nicht, weil es viel zu klein.
Wir müssten wohl schon bald dort sein?“

Umsonst gestritten

In einem hohen, schlanken Baum
zwei Elstern sich ein Nest aufbaun.
Sie schleppen Äste, Zweige, Stangen,
mit denen sie nur schwer gelangen
durch das sehr dichte Astgewirr.
Sie legen sich schwer ins Geschirr
von morgens früh bis abends spät,
damit der Nestbau gut gerät.

Sie reißen Zweige ab vom Baum
und sammeln Holz am Gartenzaun.
Das schaffen sie zum Baum hinauf:
Die Plackerei hört niemals auf.

Jetzt fehlt noch auf dem Nest ein Dach,
da hört man einen Riesenkrach.
Ein Rabe kam herbeigeflogen
und hat das schöne Nest bezogen.

Er setzt sich schnurstracks dort hinein.
Die Elstern sind einfach zu klein,
um ihn direkt zu attackieren,
sie wollen anders es probieren.

Sie schreien und sie schimpfen laut.
Sie haben doch das Nest gebaut!
Sie fliegen tief darüber her
und hüpfen in dem Baum umher,
und wenn der Rabe sich bewegt,
die Elstern sind noch mehr erregt.

Der Streit geht noch zwei Tage weiter,
da kommt auf einmal noch ein zweiter
Rabe in dem Baume an.
Vielleicht ist das der Rabenmann.

Die Elstern ziehen sich zurück,
versuchen anderswo ihr Glück.
Die Raben haben jetzt das Nest
als Eigentum für immer fest.

Doch fliegen beide plötzlich fort
und meiden künftig diesen Ort.
Das Nest bleibt leer und unbewohnt.
Hat dafür sich der Kampf gelohnt?

Tüchtige Geschäftsleute

Zwei Handelsleute treffen sich
an einem schönen Wirtshaustisch.
Sie reden über allerlei,
Geschäftliches ist auch dabei.

Viel Wahres hat man da vernommen,
manch Lüge ist auch vorgekommen.
Ein gut Geschäft sei ihm geglückt,
erzählt der eine ganz entzückt.

„'ne Waschmaschine ich verkaufte
an eine Frau, die sie nicht brauchte.
Denn in dem Haus gab's, ohne Stuss,
nicht mal einen Stromanschluss."

Der andere darauf berichtet
die unglaubliche Geschichte,
wie ihm gelang auf seiner Tour
ein Handel mit 'ner Kuckucksuhr.

Der Erste lacht ganz fürchterlich,
das sei doch nicht absonderlich.
Ein solch Geschäft, das sei doch eben
auf keinen Fall hervorzuheben.

„Ich habe aber auch der Mutter
dazu zwei Zentner Vogelfutter
für diesen Kuckuck angedreht,
was sicher nicht so einfach geht!“

Unerwünschte Helfer

Herr Kurz steht unter seinem Baum
voll Kirschen. Ach, man glaubt es kaum,
dass er sich so viel Sorgen macht,
wie er kann pflücken diese Pracht.

Er ist schon alt, soll nicht mehr steigen,
auch nicht mehr klettern in den Zweigen.
Und wenn die Kirschen sind erst ab,
dann bringt die Frage ihn auf Trab,
was man damit nun machen kann.

Bedenkzeit braucht der gute Mann,
weil er sich nicht entscheiden kann.
Das Denken, meint er, gelingt gut,
wenn man eine Reise tut.
Im Handumdrehn ist es geplant:
Sein Reiseziel, das heißt Meran.

Inzwischen kommt die Vogelschar,
der Spatz, die Elster und der Star,
die Amseln, Finken und die Meisen,
und wollen alle Kirschen speisen.

Auch die Wespen und Hornissen
sind auf das süße Obst versessen.
Und kommt Herr Kurz schließlich nach Haus,
sieht er: Die Geschichte ist schon aus.

Unterschiede

Am Samstagabend in der Fernseh-Show
erscheint der berühmte Mister Schlau.
Das Publikum ihm Fragen stellt,
und er erklärt danach die Welt.

„Ein Vakuum, was ist denn dieses?“,
in einer dieser Fragen hieß es.
„Ich hab’s im Kopf“, sagt er darauf,
„das Wort dafür, ich komm nicht drauf.“

In dem Saal wird es ganz still,
als ein andrer wissen will,
welch Unterschiede es denn gebe,
vom Rentner, der in England lebe,
zu jenem, der aus Frankreich stammt,
und dem, der wohnt hier in Deutschland.

Doch Mister Schlau muss diesmal passen,
die Antwort dem Frager überlassen:
„Der Englishman ’nen Whisky säuft,
zum Pferderennen er dann läuft.
Doch der Franzos auf Rotwein steht,
danach er dann zum Angeln geht.
Der Deutsche Pillen nimmt fürs Herz
und macht seine Arbeit, trotzt dem Schmerz.“

Zurückgekommen

An einem schönen Sommertag
keiner zu Hause sitzen mag.
Der Doktor geht mit seiner Frau
spazieren durch die grüne Au.

Ebenso Familie Schmidt,
sie nimmt auch ihren Dackel mit
auf ihren Gang durch Wald und Feld,
weil das dem Hündchen sehr gefällt.

Jetzt treffen sich die Nachbarsleute.
„Wie herrlich ist das Wetter heute“,
sagt der Herr Schmidt und lacht und strahlt.
„Hätt’ man die Rechnung nur bezahlt“,
darauf der liebe Doktor sagt,
„dann wär es auch ein schöner Tag
für mich, ich Ihnen offen sag.

Ihr Scheck, der ist zurückgekommen,
die Bank hat ihn nicht angenommen,
weil nicht gedeckt, man dort mir sagte,
als ich darüber mich beklagte.“

„Das trifft sich gut“, sagt der Herr Schmidt,
„denn ebenfalls kam bald zurück
mein Rheuma, das Sie auskurie-rt.
So ist also weiter nichts passiert,
als dass wir quitt sind, ohne Frage.
Ich wünsche weiter schöne Tage!“

Wettangeln

Wettangeln ist angesagt
und jeder mit der Angel jagt
Karpfen, Hechte und auch Brassen,
die sich nicht gerne fangen lassen.

Den Fluss entlang die Angler stehen.
Die Zeit will heute nicht vergehen.
Zu reden ist streng untersagt,
weil das die Fische schnell verjagt.

Nur essen darf man und auch trinken
und den schönen Mädchen winken.
Da kommt auch eine prompt herbei
und stört die stille Anglerei.

„Wird hier geangelt?“, fragt sie dumm.
„Nein, nein, wir baden nur den Wurm“,
ihr einer von den Männern sagt,
worauf sie nichts mehr zu fragen wagt.

Jetzt geht sie wieder, weiß Bescheid.
Nur ganz langsam schleicht die Zeit.
Die Sonne brennt, der Durst wird größer:
Ein Becher Wein ist der Erlöser.

Dem alten Angler fallen bald
die Augen zu, er verliert den Halt
und plumpst dann in den Fluss hinein.
Den Nachbarn hört man darauf schrein:

„Ich glaub, dass dich der Wahnsinn plagt!
Fische fangen mit den Händen ist untersagt!“

Ein frisches Bier

Gerade ist es angekommen,
er hat es in Empfang genommen.
Gut gezapft und voll bis oben:
So ein Bier, das muss man loben.

Er beschließt, bevor er trinkt,
weil ihn dazu die Blase zwingt,
schnell einmal hinauszugehn.
Das frische Bier, das lässt er stehn.

Vom Nachbartisch herüberschauen
Burschen, denen nicht zu trauen.
Die wollen wohl sein Bier aussaufen,
während er hinausgelaufen.

Schnell er nach dem Deckel guckt.
„Ich habe hineingespuckt",
schreibt er darauf und legt ihn wieder
auf des Glases Öffnung nieder.

Bald ist er zurückgekommen,
hat den Deckel abgenommen.
Liest, was er geschrieben findet:
„Ich auch", 'ne fremde Schrift verkündet.

Die Dame von Welt

Die Ehefrau aus reichem Haus
lebt jeden Tag in Saus und Braus,
fährt einen Wagen erster Klasse,
hält Hunde nur von feinster Rasse,
die selten sind auf dieser Erde,
dazu noch einen Stall voll Pferde.

Ein Kindchen hat sie jedoch nicht.
Weil so ein muntrer kleiner Wicht
den Tagesablauf ziemlich stört,
hat sie dies bisher abgewehrt.

Den Ehemann sie selten sieht,
weil es den nur zur Arbeit zieht.
Um möglichst Geld heranzuschaffen,
heißt seine Losung: Schaffen, raffen!

Eines Abends kommt er heim
und sieht, er ist hier ganz allein.
Doch bald er einen Zettel findet:
„Bin ausgeritten", der verkündet.

Er fragt den Butler, ob er wisse,
wann seine Frau heimkommen müsse.
„Sie ist bestimmt schon ziemlich nah,
ihr Reitpferd ist schon länger da",
sagt ihm darauf der gute Mann.
Ob er ihn damit trösten kann?

Der Hobby-Genealoge

Im Ruhestand nun angekommen,
hat sich Herr Emsig vorgenommen,
seine Familie zu erkunden.
Gar mancher hat da schon gefunden
berühmte Leute bei den Ahnen,
die bisher ihm ganz fremd vorkamen,
mit denen man sich brüsten kann
bei den Bekannten, dann und wann.

Vielleicht ist man auch mit Großen, Reichen
verwandt und hat mit ihresgleichen
Voreltern gemeinsam und kann finden
Kontakte und sich so verbünden
mit Superstars und Hochfinanz
und sonnen sich in ihrem Glanz.

Jetzt schreibt Herr Emsig einen Brief,
fünf Seiten lang, in dem er rief
die Forscher auf im ganzen Land,
sie möchten mit ihm Hand in Hand
die Ahnenreihe schnell erkunden,
er habe keine noch gefunden.

Dabei entgeht Herrn Emsig aber
bei seinem Hin- und Hergelaber,
dass seine ganze Ahnenschar
nur dem Herrn Emsig wichtig war
und sich die Forscher nicht gern lassen
beauftragen, sich zu befassen
mit des Herrn Emsig Sachgebiet,
an dem ihnen rein gar nichts liegt.

Sie raten ihm, er soll sich sputen,
bestimmte Archive aufzusuchen,
in Kirchenbüchern nachzuschauen,
auch auf Aufzeichnungen zu bauen,
die man in Akten finden kann,
gelegentlich, so dann und wann,
bei Standesämtern nachzufragen,
da die ihm vielleicht könnten sagen,
ob jemand aus der Ahnenschar
irgendwann hier ansässig war.

In ein Archiv Herr Emsig reist,
wobei es sich ganz schnell erweist,
dass er nicht einmal konnte lesen
die Schrift, die üblich ist gewesen
in diesen frühen, alten Zeiten.
Auch daran wird sein Projekt wohl scheitern …

Weihnachtsabend

Die Kugeln schimmern, Kerzen brennen,
und alle Kinder eilig rennen
zu den Geschenken unterm Baum,
der selbst so aussieht wie ein Traum.

Durchs Fenster man erkennen kann
Schneeflockenwirbel dann und wann.
Von Weitem hört man Glocken klingen,
im Radio frohe Kinder singen.

Der Vater kriegt die neuen Socken
und für die liebe Mutter locken
die Handschuhe, schön braun und matt,
womit sie nicht gerechnet hat.

Das Hänschen lauthals meckert jetzt,
denn er fühlt sich zutiefst verletzt,
weil er das Fahrrad nicht bekam
als ein Geschenk, wie er annahm.

Auch Ingeborg, die Große, weint,
ihr das Geschenk zu mickrig scheint.
Wenn sie's mit Hänschens Zug vergleicht,
es nicht den halben Preis erreicht.

Von Weihnachtsstimmung keine Spur.
Ein jeder hier, der denkt doch nur,
ob er genug bekommen hat,
sonst hat er Weihnachten schnell satt.

„Wo sind die Geschenke von euch beiden,
die ihr gekauft für andre Leute
vom Taschengeld und den Moneten,
die sonst für Schnickschnack gehen flöten?“

Das will der Vater gerne wissen.
„Die haben wir doch glatt vergessen“,
gestehen jetzt die beiden ein
und hören endlich auf zu schrein.